Christa Schloßmacher

Brunhilde hat nichts anzuziehen

Wahrheiten humorvoll verpackt

Brunhilde hat nichts anzuziehen

Autorin und Herausgeberin: Christa Schloßmacher
Korrektorat und Satz: Christa Schloßmacher
Umschlag und Illustration: Christa Schloßmacher
Alle Rechte bei der Autorin

1. Auflage 2013
Verlag: tredition GmbH, Hamburg
Printed in Germany
ISBN: 978-3-8495-7278-5

Bibliografische Information der Deutschen Nationalbibliothek:
Die Deutsche Nationalbibliothek verzeichnet diese Publikation in der Deutschen Nationalbibliografie; detaillierte bibliografische Daten sind im Internet über http://dnb.d-nb.de abrufbar.

Brunhilde hat nichts anzuziehen...

Danken möchte ich Georg Trümper für die Geduld, die er mit mir bei der Herstellung dieses Buches hatte.

Das Titelbild wurde von Christa Zimmermann aus Stemwede gemalt.

Die abgebildeten Scherenschnitte sind ein Geschenk meiner Patentante, Schwester Longina, die sie im Kloster angefertigt hatte.

Die Winterlandschaft malte meine Cousine Frau Dr. Eva Alsdorf aus Berlin.

Herzlichen Dank!

Schreiben ist mein Hobby,
aber Schreiben
ist auch eine Therapie,
für jeden Menschen,
auch für Sie.

Man schreibt sich
von der Seele munter
Freud und Leid
einfach herunter.

Biografie

Christa Schloßmacher

Geboren am 14. Dezember 1940
in Oberhausen (Rheinland)
Verwitwet, 2 Kinder, 5 Enkelkinder

Veröffentlichungen von Gedichten und Geschichten
in Kalendern, Tageszeitungen, Anthologien, Internet
und Jahrbüchern.

Vorstellung der selbst verfassten Gedichte und Ge-
schichten bei zahlreichen öffentlichen Lesungen und
im offenen Kanal von Radio Westfalica.

Brunhilde hat nichts anzuziehen

Brunhilde steht vorm Kleiderschrank,
der proppenvoll ist, Gott sei Dank.
Im Schrank von sieben Metern Länge
herrscht ein furchtbares Gedränge.
Mit Kleidern teilen sich die Enge
Pullover, Blusen, jede Menge.

Was soll sie mit den ganzen Sachen,
die im Schrank sind, bloß nur machen?
Sie hängen einfach da herum.
Sie trägt sie nicht, es ist zu dumm.

Der grüne Rock ist wirklich schick,
ihr nützt er nichts, denn er macht dick.
Der Blazer ist der letzte Schrei,
sie hasst das Ding, wie dem auch sei.

Das Kostüm mit kurzem Rock
wurde ihr vom Kaufhaus Bock
letztens förmlich aufgedrängt.
War sie an diesem Tag beschränkt?

Den weißen Mantel sie erstand,
als ein Tief sie überrannt.
Der Preis bleibt besser ungenannt.
Und wo war da nur ihr Verstand?

Die lila Bluse brauchte sie dringend,
der Kauf war auch vom Preis her zwingend.
Sie zog den Fetzen noch nie an,
weil sie „Lila" nicht tragen kann.

Im Ausverkauf erstandene Kleider
sind ihr zu billig, leider, leider.
Die blaue Bluse, welch ein Graus,
war teuer, doch sieht schrecklich aus.

Das Kleid mit Ausschnitt riesengroß
kaufte sie wegen der Freundin bloß.
Beim Anblick sollte die erblassen.
Ach, hätte sie es doch gelassen.

Ihr Mann, sonst überhaupt nicht prüde,
reagierte darauf rüde.
Brunhilde kann es sogar verstehen,
man kann ja fast den Nabel sehen.

Neulich, nach einem Ehestreit
war es wieder mal so weit.
Sie musste sich was Gutes tun
in Form von zwei Paar grünen Schuh'n.

Die liegen unbeachtet heut
mit zehn Paar anderen Seit an Seit.
Es stapeln sich die Kleidersäcke
fürs Rote Kreuz und sonstige Zwecke.

„Und was ziehe ich heute an?"
fragt Brunhilde schließlich dann.
„Nein, ich habe keinen Spleen,
doch ich habe nichts anzuzieh'n."

Der Schweiß bricht ihr aus allen Poren,
da wird ein Einfall fix geboren.
Ich kaufe drei Kleider, was ist schon dabei.
Ein Plätzchen im Schrank ist immer noch frei.

Brunhilde braucht ein neues Kleid

Brunhilde ist die Armut leid,
beschließt, sie braucht ein neues Kleid.
So geht sie in den schicksten Laden,
denn Qualität kann ja nicht schaden.

Dort empfängt man sie zu dritt.
Mit erwartungsvollem Schritt
eilen Damen auf sie zu,
und die Schnellste fragt im Nu:
„Könnte ich behilflich sein?"

Doch Brunhilde, die sagt: „Nein!
Gestatten Sie, dass ich erst schau,
denn ich weiß noch nicht genau,
was ich heute kaufen will."

Die Verkäuferin schweigt still
und geht langsam wie'ne Schnecke
in die nächste Ladenecke.
Von dort hat sie mit viel Geschick
Brunhilde wunderbar im Blick.

Auch die Zweite und die Dritte
stehen in des Ladens Mitte,
überblicken das Revier,
mit Brunhilde im Visier.

Brunhilde fühlt sich gar nicht toll,
denn sie weiß nicht, was das soll.
Denkt: „Was wollen die von mir?
Ist das ein Zoo? Bin ich das Tier?"

Sie bewegt sich zögerlich:
„Kaufe oder gehe ich?"
Ihr Zaudern hat man wohl erkannt,
denn die Zweite kommt gerannt
mit einem Fummel in der Hand,
den man Haute Couture genannt.

„Hier habe ich ein ganz bequemes,
schickes und sehr angenehmes
Kleid vom allerfeinsten Stil.
Die Farbe schmeichelt dem Profil.

Probieren Sie es doch mal an,
damit man besser sehen kann,
dass dieses schöne, edle Kleid
Sie glücklich macht für alle Zeit!"

Brunhilde geht in die Kabine,
und so emsig wie'ne Biene
schleppt die Verkäuferin Kleider 'ran.
Brunhilde probiert alle an,
obwohl sie sie nicht leiden kann.

Sie zieht sich an, sie zieht sich aus,
die Frisur ist schon ganz kraus.
Sie gerät auch sehr ins Schwitzen,
guckt lauernd durch die Vorhangritzen,
und als niemand ist zu sehen,
will sie unauffällig gehen.

Doch plötzlich, wie durch Zauberei,
sind da die Damen, alle drei.
Brunhilde muss daran vorbei,
ihr ist das gar nicht einerlei.

„Ich habe leider nichts gefunden",
sagt sie schließlich unumwunden.
Enttäuschung auf der Gegenseite,
und Brunhilde sucht das Weite.

Brunhilde und der Arztbesuch

Brunhilde sitzt im Wartezimmer
und sie wartet, so wie immer,
fast eine ganze Stunde schon,
geduldig, und sagt keinen Ton.

Ärger macht sich bei ihr breit:
„Wann ist es endlich denn so weit,
dass mein Name wird genannt,
und der Arzt reicht mir die Hand?"

Heftig klopft der Puls, das Herz,
auch im Magen nagt ein Schmerz.
Langsam gerät sie in Wut,
denn Warten tut ihr gar nicht gut.

Nervös schaut sie auf ihre Uhr
und fragt sich dann: „Was mach' ich nur?
Zum Aufmüpfen hätt ich allen Grund.
Warum nur halt ich meinen Mund?

Es ist ja nicht das erste Mal,
dass ich hier wartend leide Qual."
Sie steht auf, will sich nicht zieren
und laut und heftig protestieren.

Doch plötzlich gibt es eine Wende,
und ihr Warten hat ein Ende.
Still und kleinlaut sitzt sie da
vorm Gott in Weiß, der ihr nun nah.

Dieser Gott hat wenig Zeit.
Der Rezeptblock ist nicht weit.
Er verschreibt ihr ein paar Pillen,
die ihr Leiden sollen stillen.

Sie möchte ihn noch so viel fragen
und möchte ihm noch so viel sagen.
Doch er trennt sich von ihr ruck-zuck
ganz schnell mit einem Händedruck.

Brunhilde und der Blutdruck

Brunhilde hat plötzlich ein Problem,
ihr Blutdruck, der wird unbequem.
Hoch ist er, besonders am Morgen
und macht Brunhilde viele Sorgen.

Der Arzt verschrieb ihr nun Tabletten,
die sollen sie vor dem Schlaganfall retten.
Und mit großem Widerwillen
schluckt Brunhilde diese Pillen.

Blutdruckmittel sind jetzt der Clou,
und bald ist sie mit den Pillen per „Du".
In ihrer Angst probiert sie alle,
trotz der Nebenwirkungsfalle.

Sie trocknet aus,- und sie nimmt zu,
der Schwindel lässt ihr keine Ruh.
Die Beine werden dick und schwer,
die roten Augen tränen sehr.

Sie kann nicht mehr richtig sehen
und auch nicht mehr so flott gehen.
Ja, sie leidet große Qual,
aber sie hat keine Wahl.

Will sie keinen Schlag erleiden,
muss Brunhilde sich entscheiden.
Entweder rote Augen und ständiges Weinen
oder Müdigkeit mit dicken Beinen.

Brunhilde will alles

Brunhilde will alles und möglichst sofort.
Se eilt darum von Ort zu Ort.
Sie will immer viel zu viel
und kennt weder Maß noch Ziel.

Brunhilde will alles und noch mehr,
sie fühlt sich sonst so seltsam leer.
Die Eins kann sie nicht gerade sein lassen,
sie fürchtet Wichtiges zu verpassen.

Brunhilde hat Angst etwas zu versäumen
und wird des Nachts verfolgt von Träumen.
Zur Ruhe kommt sie längst nicht mehr,
das Leben fordert sie zu sehr.

Brunhilde hat wieder übertrieben

Schon wieder viel zu viel geredet
und wieder viel zu viel geraucht.
Schon wieder viel zu viel getrunken
und wieder zu viel Kraft verbraucht.

Schon wieder viel zu viel gelogen,
Worte gesagt, ohne viel Sinn.
Mich wieder viel zu sehr verbogen,
um zu verbergen, wer ich bin.

Schon wieder viel zu viel gegrübelt
und wieder zu viel nachgedacht.
Schon wieder viel zu viel verübelt
und wieder alles falsch gemacht.

Schon wieder fühlte ich mich schuldig,
ob ich es war oder auch nicht.
Schon wieder sah ich ungeduldig
nur die Schatten und kein Licht.

Schon wieder schwöre ich: "Nie wieder!"
Und halte streng mit mir Gericht.
Ich wollte doch mein Leben ändern.
Schon wieder schaffte ich es nicht.

Brunhilde und der Flohmarkt

Brunhilde steht um fünf Uhr auf
und packt und schleppt im Dauerlauf
Kartons aus dem Gerümpel-Keller
mit Trödel und antikem Teller.

Denn Flohmarkt, der ist angesagt,
auf den Brunhilde sich heut wagt.
Mit Freundin und mit ihrem Hund
macht sie sich auf zur Morgenstund.

Erschöpft kommt sie am Abend dann
mit Hund wieder zu Hause an.
Dass Schweiß vor den Erfolg gesetzt,
das weiß Brunhilde endlich jetzt.
Und muss über das Flohmarktreiben
gefrustet an die Freundin schreiben.

Liebe Freundin, du sollst wissen,
ich ließ mich von der Muse küssen,
als ich nach diesem Flohmarkttag
schachmatt in Sofas Ecke lag.

Auch mein Hund, der viel erträgt
lag im Korb und hat gesägt.
Zum Flohmarkt kommt der nicht mehr mit,
so sehr ich ihn auch darum bitt.

Doch ich habe festgestellt,
dass Flohmarkt dich am Leben hält.
Denn während ich langsam verfiel,
waren Gewinne nur dein Ziel.

Mein Gesicht wurde blass und blasser
und mein Hund wünschte sich Wasser,
während du in rosiger Frische
feilschtest am Tapetentische.

Ja, bei diesem Flohverkauf
blühtest du so richtig auf.
Darum gebe ich nun zu:
„Ich bin eine alte Kuh.“

Brunhilde und die Freundin

Liebe Freundin,

immer wieder sage ich mir,
du gingst fort und ich blieb hier.
Es wird leer sein ohne dich,
war ich auch mal ärgerlich.

Denn es gab so ein paar Stunden,
da pflegte stumm ich meine Wunden,
die du mir geschlagen hast.
Aber, du trugst auch die Last,
die mein Leben mir beschert,
machtest es mir lebenswert.

Marschierten wir auch oft sehr einsam,
so kämpften wir doch stets gemeinsam.
Vielleicht, wir werden es ja sehen,
gehen zu zweit wir auf Tourneen.

Aber, wenn das nicht geschieht,
man sich auf Erden selten sieht,
kommst du eines Tages dann
in unserem Himmel oben an.

In einem wunderschönen Garten
werde ich dort auf dich warten.
Ich werde lästern, du wirst lachen
über all die tollen Sachen,
die wir auf Erden ausgeheckt,
bevor der Himmel uns entdeckt.

Denn in der weiten Himmelssphäre
machen wir zwei „die Karriere".
Wir unterhalten Gott, die Engel,
und es herrscht sehr viel Gedrängel.

Denn die edlen Himmelswesen
möchten, dass wir lesen, lesen,
und es können diese Frommen
nicht genug davon bekommen,
zu hören, dass es in unserem Leben
nur Aktion, Aktion hat gegeben.

Wir werden mit Applaus gespeist
von Goethe, Schiller und auch Kleist.
Denkst du dieses Himmelsleben
wird uns die Erfüllung geben?

Ich weiß es nicht, doch du, die Weise
wirst mir irgendwann ganz leise
sagen, was so Sache ist.
Das glaube ich, der Optimist.

Ich wünsche dir Jahre wie ein Fest
und dass das Glück dich nie verlässt.
Ich wünsche dir, dass dich nichts verletzt.
Ich wünsche dir Ziele, die du setzt.
Was ich mir wünsche oft für mich,
das wünsche ich alles auch für dich.

Brunhilde und die Selbstverwirklichung

Brunhilde ist fünfzig Jahre jung
und denkt an Selbstverwirklichung.
Darum meldet sie sich dann
zu verschiedenen Kursen an,
die, so kann sie täglich lesen,
lassen Frauen erst genesen.

Montags geht es in die Sauna
und am Mittwoch heißt es Yoga.
Am Dienstag und am Donnerstag
macht sie für die Kultur sich stark.
Am Freitag lernt sie endlich schwimmen
und am Samstag Berge erklimmen.

Brunhilde ist nun fit und top,
darum sucht sie sich einen Job.
Trotz ihres Alters kein Problem,
sie ist nicht müde, nicht bequem.

Leistungen will sie erbringen
und Anerkennungen erringen.
Nun ist Brunhilde halt am Zug,
bekommt von allem nie genug.

Sie fühlt sich toll und richtig jung,
das macht die Selbstverwirklichung.
Ihr Gatte sitzt derweil zu Haus
und denkt: "Ich halte das nicht aus.

Ich habe zwar eine Ehefrau,
doch weiß ich leider nur genau,
dass sie selten nur zu Hause ist
und dass sie mich sehr oft vergisst."

Brunhilde und der Glückwunsch

Liebe Freundin!

Du glaubst, weil du nun '"Fünfzig" wirst,
dass sich etwas ändert? Nein, du irrst!
Du bist nur Fünfzig, so ist das eben.
Du wirst nicht jünger, damit musst du leben.

Wie immer wirst du bei uns sitzen,
beim Arbeiten frieren und Essen schwitzen.
Wirst weiter Zigarettchen rauchen
und ab und zu einen Mann mal brauchen.

Wirst tun, als kann dich gar nichts jucken
und möchtest Gift und Galle spucken.
Wirst äußerlich gelassen bleiben
und innerlich ganz furchtbar leiden.

Das Leben geht weiter, so wie bisher,
mal ist es leicht, mal ist es schwer.
Du bleibst so, wie du nun mal bist,
weil da nichts zu verbessern ist.
Mit „Fünfzig" ändert sich nicht viel.
„Sechzig" zu werden, ist jetzt dein Ziel.

Brunhilde und das Enkelkind

Brunhilde wünscht sich lange schon
die Enkeltochter, den Enkelsohn.
Und als sie fünfundfünfzig war,
ist der Enkel endlich da.

Brunhilde spielt total verrückt,
ist von dem Enkelsohn entzückt.
Und da sie ihn nicht sehen kann,
ruft sie ihn fast täglich an.

Sie säuselt leise ins Telefon:
„Hallo! Geliebter Enkelsohn!
Wie geht es dir, mein kleiner Schatz?"
Doch der süße kleine Fratz
antwortet mit Gebrabbel nur.
Opa schaut strafend auf die Uhr.
Denn was ihm gar nicht gut gefällt,
die Ferngespräche gehen ins Geld.

Sie kauft Spielzeug und andere Gaben,
sodass sie alles zweifach haben.
Sie fährt, so oft es geht, geschwind
zu ihrem ersten Enkelkind.

Erteilt der Tochter guten Rat,
was diese sich jedoch verbat:
„Erziehung möchte ich gestalten,
und dich bitten, dich zurück zu halten."

Brunhilde hat ein taubes Ohr,
denn immer wieder prescht sie vor:
„Früher wurde das anders gemacht!"
Aber die Tochter erwidert sacht:
„Bitte! Mama, mische dich nicht ein.
Mein Kind erziehe ich allein.

Brauche ich Rat, dann frage ich dich.
Bitte! Mama, verstehe auch mich!"
Brunhildes Erfahrung ist nicht gefragt,
das wurde ihr nun ganz deutlich gesagt.

Noch einmal fasst sie allen Mut:
„Mein liebes Kind, ich meine es gut."
Doch so sehr sie auch die Tochter beschwört,
ihre Ratschläge bleiben ungehört.

„Mama, du, ich bitte dich,
die Mutter bin noch immer ich.
Das Kind gehört für immer mir,
ich teile es auch nicht mit dir.
Und wenn ich einmal Fehler mache,
so ist das schließlich meine Sache."

Brunhilde ist die Oma nur,
übt sich in Moll, nicht mehr in Dur.
Sie zieht sich ganz diskret zurück
und wünscht der Tochter recht viel Glück.
Trotzdem kann sie es oft nicht lassen,
ungefragt Ratschläge zu verpassen.

Brunhilde hat Geburtstag

Brunhilde ist sechzig und redet sich ein,
statt sechzig nur neunundvierzig zu sein.
Doch Zipperlein hier und Zipperlein da
machen Brunhilde fast täglich klar,
dass ihr das Alter Grenzen setzt
und sie sich sehr oft überschätzt.

Den Schwung, mit fünfzig noch besessen,
kann sie endgültig nun vergessen.
Vergessen fällt ihr gar nicht schwer,
denn das Gedächtnis will nicht mehr.
Vergesslichkeit ist ein Problem,
doch manchmal ist sie nur bequem.

Das hat natürlich einen Grund,
denn tragen muss sie manches Pfund.
So steckt sie ihres Körpers Fülle
in eine große, weite Hülle.
Plagt sie einmal der Übermut-
nun, Übermut tut selten gut.

Doch sicher stellt sie das in Frage,
denn es gibt Nächte und auch Tage,
die sind zwar herbstlich, aber toll,
und manchmal sogar wundervoll.
Weil Brunhilde dann vergisst,
dass sie schon lange Oma ist.

Fordert von ihr das Enkelkind,
dass sie so schnell ist wie der Wind,
bildet sich Brunhilde ein,
erst neununddreißig Jahr zu sein.

Altern ist "OUT" in unserer Zeit.
Darum ist Brunhilde auch bereit,
ihr Haar zu färben, sich zu liften,
sich zu drillen und zu driften.
Von keiner Maßnahme verschont,
wird sie demnächst vielleicht geklont.

Brunhilde und der Hexenschuss

Bevor ich auch in diesem Jahr
mit Peter in die Berge fahr,
kaufe ich für die Nacht ein schwarzes Hemd,
denn ich bin noch nicht verklemmt.

Ich bin schon gespannt auf Peters Gesicht,
wenn er mich sieht in dem dünnen Gedicht.
Das nahm sich vor Brunhilde,
diese fünfzigjährige Wilde.

Nachts ist es in den Bergen sehr kalt,
doch Brunhilde hüllte ihre Gestalt
in ein schwarzes Nichts aus Spitze.
Sie fror, trotz Wechseljahreshitze.

Am nächsten Morgen war es so weit,
Schmerzen machten sich im Rücken breit.
Zogen von den Hüften zu den Beinen,
und jeder Schritt ließ sie fast weinen.

Sie hatte Schmerzen beim Liegen und Stehen
und auch beim Sitzen und beim Gehen.
Und ihr leidendes Gesicht
hob Peters Stimmung sicher nicht.

Mit ihrer Tennis-Spielerei
war es natürlich auch vorbei.
Schwimmen, Trimmen und das Wandern
überließ sie nun den Andern.

Brunhilde dachte nur immerzu:
„Ich bin schon fünfzig, lasst mich in Ruh."
Den dicken Schlafanzug vom Mann
hatte sie nachts im Bett nun an.

Sein Unterhemd mit langem Arm
hielten Tag und Nacht sie warm.
Sie dachte nicht an Verführung und Sex
nach diesem Schuss von einer Hex.

Brunhilde und die Urlaubsstimmung

Graue Gipfel, die Wolken berühren,
grüne Spitzen, die Sonnenglut spüren.
Sanft umschmeichelt der Wind ihr Gesicht,
und wechselnde Bilder umspielt das Licht.

Frische Waldluft atmet sie ein
und lässt den Alltag, Alltag sein.
Schritte bedächtig, ruhig versonnen,
Gefühle, leicht, verspielt und versponnen.

Gedanken ins Nutzlose gelenkt,
Freiheit, kurz nur, eingeschränkt.

Brunhilde und das Parkhaus

Brunhilde muss dringend in die Stadt,
weil sie so viel zu besorgen hat.
Sie nimmt ihr kleines Kabriolett,
und ab geht es in die Stadt „Ole!"

Hier sucht sie für ihr grünes Schätzchen
zum Parken nach einem kleinen Plätzchen.
Im Parkhaus gäbe es wohl einen.
„Nein", denkt sie, dann besser keinen.

Das Parkhaus ist ihr nicht geheuer,
unheimlich sind da die Gemäuer.
Sie sieht Gespenster überall
und hat Angst vor einem Überfall.

Doch sie findet keinen Platz
für ihren kleinen, grünen Schatz.
Nur im Parkhaus, Parkdeck drei,
ist noch eine Lücke frei.

Draußen scheint die Sonne hell,
und Brunhilde eilt ganz schnell
durch verschmutzte Parkhausgänge
in das städtische Gedränge.

Es ist dämmrig und schon spät,
als zögernd sie ins Parkhaus geht.
Hält in der Hand die Selbstschutzflasche
und umklammert ihre Tasche.

Blickt sich um nach allen Seiten:
„Wer kann zum Wagen mich begleiten?"
Aber niemand ist zur Stelle,
auch kein Mann für alle Fälle.

Ängstlich läuft sie Treppen rauf
und reißt die Tür zum Parkdeck auf.
Doch kein Auto ist zu sehen.
„Was ist nur mit ihm geschehen?"

Siedend heiß fällt ihr dann ein:
„Das muss das falsche Parkdeck sein."
Ihr Herz klopft laut, doch sie hetzt weiter,
und die Angst ist ihr Begleiter.

Sie blickt sich forschend um, erbleicht,
als sie ihr Auto dann erreicht.
In der Ecke steht ein Mann,
wie gelähmt schaut sie ihn an.

Vor Schreck lässt sie die Schlüssel fallen,
hinter ihr die Schritte hallen.
Mit sprühbereitem Narkotikum
dreht sie sich todesmutig um.
Erkennt, der Mann ist eine Frau:
„Nachts sind alle Katzen grau."

Schnell öffnet sie die Wagentür:
„Nur weg, nur weg, nur weg von hier!"
Und der Wagen springt auch an,
was sie gar nicht fassen kann.

Sie ist noch einmal davongekommen,
doch hat sie sich vorgenommen:
„Im Parkhaus parke ich nicht mehr,
nie wieder komme ich hierher."

Brunhilde und ihr kleiner Hund

Gina heißt ihr kleiner Hund.
Sie ist wild und kerngesund.
Das ist klar, bei ihrer Pflege,
doch oft ist sie eine Nervensäge.

Wie viele edle Hundedamen
hat sie ein "von" vor ihrem Namen,
und davon macht sie auch Gebrauch,
will nur das Beste für den Bauch.

Möchte auf weichen Betten ruh'n
und nur das Angenehme tu'n.
Möchte im Mittelpunkt nur stehen,
und die Welt mit ihren Augen sehen.
Der Liebling ist sie stets im Haus,
und dieser Liebling nutzt das aus.

Sie tut nur das, was sie grad will.
Rügt sie Brunhilde, schleicht sie still,
in ihren Augen Tränenschimmer,
langsam und schmollend aus dem Zimmer.

Doch gibt es da nicht Ähnlichkeiten
mit Dämlichkeiten unserer Zeiten?
Bei Menschen gibt es doch auch die Damen,
die meistens ohne „von" vorm Namen
täglich verlangen, ohne Ruh,
versorgt zu werden immerzu.

Brunhilde und die Wolke

Hallo Wolke! Du bist allein?
Wird es nun endlich Frühling sein?
Oder wirst du Wolken finden,-
die sich dann mit dir verbinden
und den Winter nicht beenden,-
sondern Regen, Schnee uns senden.

Verzieh dich bitte! Und zwar schnell!
Wir mögen es sonnig, warm und hell.
Gib der Sonne eine Chance.
Wir sehnen uns nach ihrem Glanz,
nach ihrer Wärme, ihrem Licht.
Wir mögen lange Winter nicht.

Denn alles, was so lebt auf Erden,
wünscht sich, es möge Frühling werden.
Sehnt sich nach des Himmels Blau.
Verschwinde nun mit deinem Grau.

Der Frühling ist schon aufgewacht.
Er zeigt sich bald mit seiner Macht.
Er zeigt uns an den Neubeginn
und gibt allem Leben Sinn.

Brunhilde und das Klassentreffen

Gesichter, gezeichnet von der Zeit,
kaum verbergend das Tief.
Betonte und laute Heiterkeit,
hektisch und sehr aktiv.

Augen, angstvoll und fragend,
verhaltene Resignation.
Worte, unwahr und klagend,
ein wenig zu forsch der Ton.

Geschickt zurecht gemacht auf jung,
vereinzelt sind noch Züge da.
Sie sucht in der Erinnerung
und sie erkennt, wer wer einst war.

Vergangenes sollte sie nicht berühren,
alles so lassen, wie es ist.
Erinnerung lässt nur Angenehmes spüren,
ahnt nicht, wer du geworden bist.

Brunhilde und die Kunst

Brunhilde freute sich schon sehr
auf das Theater und auf mehr.
Sie freute sich schon auf den Sekt,
der in der Pause so gut schmeckt.

Auf die Freundin, das ist klar,
auf Bekannte, die sie wiedersah.
Freute sich aufs Theaterflair,
es zu beschreiben, fällt nicht schwer.

So nahmen Gleichgesinnte fein
gespannt Theaterplätze ein.
Dann kam das, was keiner ahnte
und vor dem auch niemand warnte.

Brunhilde hatte nicht erwartet,
dass man Shakespeares Stück entartet.
Brunhilde sah im Schein der Lichter
die versteinerten Gesichter
der Menschen, denen wurde geboten
ein Stück mit ordinären Zoten.

Dann kam, was sie schon sehr entsetzte,
was ihr Christsein sehr verletzte.
Der Regisseur, "Pardon", das Menschlein,
baute Zoten über Jesus ein.

Ein Kautz hat sich das ausgedacht,
hat diesen Schmutz zustande gebracht.
Denn dieser Herr führte Regie,
und so viel Schmutz sah sie noch nie.

Der Name spricht ja, in der Tat,
für den Mann der ganz besonderen Art.
Brunhilde kann es gar nicht fassen.
Was wird auf Menschen losgelassen?
Ende gut? Nichts ist gut!
Zurück bleibt nur Brunhildes Wut.

Brunhilde und das Radio

Brunhilde zahlt fürs Radio
und fürs Fernsehen sowieso
geduldig, ohne viel zu fragen
schon seit tausenden von Tagen.

Ihre Geduld ist fast erschöpft,
weil sie spürt, sie wird geschröpft.
In ihrem Bauch ist große Wut,
denn das Programm ist selten gut.

Das fängt schon am Morgen an.
Fast jeder Sender bietet dann
Lieder aus fremden Ländern an,
die sie nicht verstehen kann.

Nervtötend ist oft der Gesang,
laut und hässlich ist der Klang.
Eine ganze Musikband
schreit ungeniert und ungehemmt
hundertmal den gleichen Text.
Hat der Sender die verhext?

Die Sängerin kreischt schrill und jault,
als würde sie gerade kurz gekrault.
Und weil der Sänger heftig stöhnt,
fühlt Brunhilde sich verhöhnt.

Sie hält verzweifelt ihren Kopf
und dreht und dreht am Radioknopf.
Doch nirgendwo ein deutsches Wort.
Sie fährt mit dem Suchen fort
und findet eine Diskussion,
die aber nach Minuten schon
von Musik wird unterbrochen,
obwohl noch nichts wurde besprochen.

Werbung folgt minutenlang
und wieder fürchterlicher Klang.
Bei ihr sträubt sich das Nackenhaar!
Das kann nicht sein, das ist nicht wahr.

Sie möchte hören, dass man spricht
über Themen von Gewicht.
Auch heitere, witzige, spaßige Sachen
würden ihr viel Freude machen

Natürlich darf Musik nicht fehlen,
aber nicht, um sie zu quälen.
Vom Radio wünscht sie sich schon
ein wenig mehr Information.

Brunhilde und die Zugfahrt

Eine Zugfahrt ist oft lustig,
eine Zugfahrt ist oft fein,
und Brunhilde fuhr am Sonntag,
aber sie fuhr nicht allein.

Schon ab Bremen wurde es frustig
und es war auch nicht mehr fein,
denn in den Intercity stiegen
betrunkene Fußballfans mit ein.

Und sie grölten alte Lieder
und sie tranken Bier und Wein.
Und sie pöbelten und glaubten,
der Nabel dieser Welt zu sein.

„Blut soll fließen, rot und dick,
in unserer Judenrepublik.
Haltet uns nicht mehr für dumm,
hängt Hitler den Nobelpreis um.
Unser deutsches Reich soll blühen
und die Hakenkreuze glühen."

Sie waren so richtig von der Rolle,
es kam auch keine Zugkontrolle.
Ängstlich fragte ein Fahrgast dann:
„Fing es damals auch so an?"

Brunhilde und die Gastfreundschaft

Brunhilde und Peter leben auf dem Land.
Ganz in der Nähe vom Waldesrand
haben sie ein kleines Haus.
Da gingen die Gäste ein uns aus.

Sie kamen am Abend, sie kamen bei Nacht
und hatten viel Appetit mitgebracht.
Brunhilde sorgte fürs Essen und Trinken,
am Abend gab's Korn und westfälischen Schinken.

Das Essen konnte sie auf Wunsch bereiten,
bei ihr gab es keine festen Zeiten.
Sie fürchtete niemals den Vergleich,
bei ihr sind selbst die Eier weich.

Frühstück ans Bett war kein Problem
und Brunhildes Betten sind bequem.
Unterhaltung der Gäste unverdrossen
war im Service eingeschlossen.

Brunhilde bewirtete Onkel und Tanten,
gute Freunde und alle Bekannten.
Und weil sie das Landleben gerne hat,
kam auch die Verwandtschaft aus der Stadt.

Plagte sie Ärger, Stress und Hast,
wurden sie einfach Brunhildes Gast.
Der Aufenthalt, oh wie famos,
war ja dazu sogar kostenlos.

Doch in letzter Zeit wurde es ihr zu viel,
sie hatte genug vom Gastgeberspiel.
Sie war ja kaum noch mit Peter allein,
und so benutzte sie das Wort „Nein".

Das haben alle Gäste verstanden,
weshalb sie sich nur noch selten einfanden,
und auch der Besuch aus der großen Stadt
begriff, dass Gastfreundschaft Grenzen hat.

Brunhilde und das Gebet

„Ein paar Handgriffe", sagt sie,
„bekommen mich täglich so hin,
dass niemand sieht,
wer ich wirklich bin.

Ein wenig Makeup,
eine Seelenmassage,
machen fast perfekt,
und ich beherrsche jede Lage.

Nach außen Lächeln,
strotzende Energie,
und innerlich fühle ich mich
oft schlecht wie nie."

So läuft ab, wie eine Parade,
an jedem Tag die Maskerade.
Nur die verwundbare Stelle, das Herz,
reagiert mit einem wehen Schmerz,
der sich, so wie der Tag enteilt,
auf den ganzen Körper verteilt.

Und am Abend betet sie dann:
„Du weißt, dass ich bald nicht mehr kann.
Mach mich gefühllos und eiskalt,
sodass alles an mir abprallt.

Aber wenn du das nicht kannst,
dann nimm mir wenigstens die Angst.
Lass mich leben,
mich unbefangen freuen
und gegebene Blößen
nicht ständig bereuen.

Lass mich mutig aussprechen,
wenn mich etwas verletzt.
Oder wenn Rücksichtslosigkeit
mich entsetzt.

Gib mir Verstand,
alles zu verstehen.
Und lass mich auch
meine Fehler sehen.

Gib mir die Kraft,
was mir schadet zu lassen
und lass mich, was glücklich macht,
vor Angst nicht verpassen.

Mache, dass ich mich annehme,
so wie ich bin.
Und lasse mich nie zweifeln
an des Lebens Sinn."

Brunhilde und die Firma

Schwankend zwischen Lust und Frust,
wenn der Wecker ruft: "Du musst!"
taumelt Brunhilde aus dem Bett:
„Dieses Leben ist nicht nett."

In der Firma schwindet der Frust
und es stellt sich ein die Lust.
Weil Arbeit Brunhildes Leben würzt,
hat sie sich schnell darauf gestürzt.

„Ich bin so froh und bleibe dabei,
Arbeit macht glücklich, Arbeit macht frei.
Kein Mensch ist heute so froh wie ich,
ich habe Arbeit und sie hat mich.

Für meine Firma will ich leben
und ihr will ich stets alles geben.
Ich bin keinen Augenblick darüber verstimmt,
dass sie mich voll in Anspruch nimmt.

Die Arbeit erspart mir das Denken,
darum soll sie auch mein Leben lenken.
Kein Mensch ist heute so froh wie ich,
ich habe Arbeit und sie hat mich."

Trotz Druck, Hasten und auch Rennen,
kann sie sich kaum von der Firma trennen.
Doch dann geht es heimwärts, ohne Lust,
und plötzlich stellt sich ein der Frust.

„Warum habe ich mich heute geplagt?"
wird von der inneren Stimme gefragt.
„Wird meine Mühe überhaupt registriert?
Ist ein Mitbewerber schon nominiert?

Bin ich doch schon bald zu ersetzen?"
fragt Brunhilde, erfasst von Entsetzen.
Der Tag zieht noch einmal an ihr vorbei.
Sie ist mehr frustig als lustig dabei.

Er hat sie eingeholt, der Frust.
Sie muss arbeiten und hat keine Lust.
„Kein Mensch ist so unglücklich wie ich.
Ich habe Arbeit, oder hat sie mich?"

Denn eifrig ziehen sie die Fäden,
jeder da, wo er gerade steht.
Sind mal für mal gegen jeden,
angepasst, wenn es eben geht.

Und auf dem harten Weg nach oben
hält nur der Angepasste Schritt.
Hier mal treten, da mal loben,
so geht es aufwärts, kommt man mit.

Macht Untergebene sich gefügig
mit Peitsche und mit Zuckerbrot.
Vom Menschsein bleibt nur wenig übrig,
wo Leistung oberstes Gebot.

Jede Handlung hat Methode,
auf die wird felsenfest gebaut.
Doch kommt man oben aus der Mode
und wird unten auch durchschaut,
ist er ganz nahe, der Moment,
in dem man zappelnd hängt am Faden,
bis jemand kommt und ihn durchtrennt.

Brunhilde und das Leben

Aufstehen möchte sie am Morgen nicht,
denn wie erdrückendes Gewicht
liegen auf ihrem Kopf und Magen,
die täglich ihr bescherten Plagen.

Ihr geht es schlecht im Himmelbett,
sie spürt, das Schicksal ist nicht nett
zu ihr in ihrem Paradies.
Nein, es ist ausgesprochen fies.

Und trotzdem steht sie auf und denkt,
das Leben ist doch ein Geschenk
und ein Geschenk, das nehme ich an,
auch wenn ich es nicht leiden kann.

Wenn mein Verstand auch nicht versteht,
warum das Leben weiter geht,
wenn wieder einmal sehr viel Leid
vom Schicksal wurde ausgeteilt.

Doch wenn ich auch am Boden liege,
ich glaube nicht an des Schicksals Siege.
Ich kämpfe, weil ich siegen will
und stehe auf, mal laut, mal still.

Ich ziehe mich an meinem Schopfe
aus einer Depression und klopfe
an Herz, an Hirn, an den Verstand
und zertrümmere diese Wand,
die mich vom wahren Leben trennt.

Brunhilde denkt an „Später"

Ich lebe für Familie und Betrieb
und denke, dafür haben sie mich lieb.
Menschenskind! Ich bin so dumm,
die Doppelbelastung bringt mich um.

All die wunderschönen Sachen
wollte ich im Leben machen.
Reisen, Schreiben, Reden, Lachen,
Singen, Spielen, Lesen, Lachen.
Tanzen, Träumen, Schlafen, Lieben.
Es ist beim Vorsatz nur geblieben.

Wenn ich manchmal kurz bedenke,
wohin ich mein Leben lenke,
sage ich zur Beruhigung mir:
„Ich bin noch lange auf Erden hier.
All die wunderschönen Sachen
kann ich ja noch „SPÄTER" machen.

SPÄTER, SPÄTER, IRGENDWANN-
WENN ES KEIN SPÄTER GIBT, WAS DANN?

Brunhilde und das Glück

Am Morgen hofft sie unbeschwert,
dass dieser Tag nur Glück beschert.
Sie möchte singen, möchte lachen
und sich nur wenig Sorgen machen.

Wünscht, dass sie vor dem Mittagsschlaf
ganz lange in Büchern lesen darf
und dann vor dem Fernsehapparat
Kaffee und Kuchen stehen parat.

Zum Glück gehört in diese Welt
das Telefon und reichlich Geld.
Dann braucht sie noch zum Glücklich sein
am Abend mal ein Gläschen Wein.

Zum Glück gehören auch dazu
Träume und acht Stunden Ruh.
Doch leider sieht in ihrem Haus
das Glücklich sein ganz anders aus.

Am Morgen findet stets ihr Hund,
um sie zu nerven einen Grund.
Entweder will er Gassi gehen
oder sofort sein Fressi sehen.

Danach schellt schrill das Telefon
und Sorgen geben an den Ton.
Denn all die Götter, die sie rief,
als ihr Leben bestens lief,
sagen ihr: „Nun liegst du schief!"

Alles fällt ihr sehr zur Last,
weil plötzlich nichts mehr richtig passt.
Die Aktien, die fallen nur,
und abgelehnt wurde ihre Kur.
Einen stressigen Verlauf
nahmen die Pläne Hausverkauf.

Zu schweigen von den anderen Dingen,
die sie um die Ruhe bringen.
Auch wenn sie Bücher lesen darf,
findet sie mittags keinen Schlaf.

Fernsehen gibt es am Abend nur,
und Esslust hat nun Konjunktur.
Auch trinkt sie mal ein Gläschen Wein,
in das sie gibt die Sorgen rein.

Und weil sie nachts nur selten träumt,
wird schlaflos in dem Haus geräumt.
Sie wühlt in Schubladen und Schränken,
um sich ein wenig abzulenken.

Vom Schlaf zu sehen eine Spur,
wünscht sich Brunhilde einfach nur.
Das brächte sie ein kleines Stück
näher zu dem Gefühl von Glück.

Brunhilde und das goldene Handwerk

Brunhilde möchte Ordnung machen,
denn Akten und auch andere Sachen
fliegen überall herum.
Sie sucht sich dämlich und auch dumm.

Von der Werbung angeregt,
in Einzelteile gut zerlegt,
hat sie den kleinen Schrank gekauft
und sich dann das Haar gerauft.

Diesen Schrank ließ sie aufbauen.
Der Preis, der hat sie umgehauen.
Mit hundert Euros durfte sie winken,
darauf muss sie erst mal trinken.

Auf das Handwerk! Es soll leben!
Auch dem Schwarzarbeiter will sie geben,
was ihm zusteht, auch ihr Geld.
Aber was in aller Welt
veranlasst sie zu diesen Löhnen?
Sie wird sich nie daran gewöhnen.

Würden sie preiswerter sein,
fände Brunhilde das sehr fein.
Oh, das wäre ihr größtes Glück.
Es gäbe für sie dann kein Zurück.
Sie setzte endlich sich zur Ruh,
denn das steht ihr wohl langsam zu.

Die Arbeit würde sie vergeben,
die so sauer macht ihr Leben.
Delegieren würde sie,-
doch bei den Löhnen? Niemals! Nie!

Brunhilde und das Übergewicht

Brunhilde ist vollschlank und darum verstimmt,
sie wird einfach nicht dünner, so viel sie auch trimmt.
Dabei isst sie morgens Tag für Tag
nur drei bis vier Brötchen mit reichlich Belag.

Dann stellt sie sich erst einmal auf die Waage
und die antwortet prompt auf ihre Frage:
„Sie wiegen einhundertsechzig Pfund."
Nun hat Brunhilde einen Grund.

Sie greift zur tröstenden Süßigkeit,
öffnet den Reißverschluss von ihrem Kleid,
und setzt sich betrübt auf ihren Po.
Es treibt sie niemand, das macht froh.
Aber abnehmen will sie, so oder so.

Aus Zeitschriften lächeln sie Schlanke an.
Sie denkt: „Von den Puppen träumt mein Mann.
Zu Mittag koche ich für ihn allein
Sauerkrauteintopf mit dickem Bein.

Dazu frische Suppe von einem Huhn,
doch vorher gibt es noch viel zu tun.
Darum setze ich mich erst auf meinen Po.
Es treibt mich niemand und das macht froh.
Aber abnehmen werde ich, so oder so."

Beim Kochen bricht ihr aus der Schweiß,
sie gönnt sich schnell ein großes Eis.
Das Dickbein lockt, es lockt die Suppe:
„Mir ist heute alles Schnuppe,"
erklärt sie und greift tüchtig zu.
Dann braucht sie eine Stunde Ruh.

Denn nach dem Essen muss sie liegen
und sich danach erst einmal wiegen.
Erschreckt fällt sie auf ihren Po.
Sie nimmt nicht ab und fragt: „Wieso?"

Am Nachmittag muss sie Erna besuchen,
die backt den tollsten Buttercremekuchen.
Und am Abend geht sie mit Freunden aus,
Brunhilde speist gern außer Haus.

Danach heißt es dann: „Fernsehzeit."
Erdnüsse und Sekt stehen schon bereit.
Brunhilde ist so richtig froh,
sitzt stillvergnügt auf ihrem Po.
Es treibt sie niemand, das macht froh.
Aber abnehmen wird sie, so oder so!

Brunhilde und die Mittagsruhe

Ein Haus baut sie, so schön wie es geht
und glaubt, dass wenn es einmal steht,
sie ruhig darin wohnen kann.
Sie irrt, der Ärger fängt dann an.

Der rechte Nachbar hält acht Schweine,
der linke Nachbar einen Hund.
Die Schwein riechen beim Sonnenscheine,
der Hund hält oft nicht seinen Mund.

Im Garten des Nachbarn hämmert es laut,
als Brunhilde auf die Wanduhr schaut.
Es ist doch schon Mittagszeit!
Doch kein Nachbar ist bereit,
eine Stunde abzuschalten
und ein wenig Ruhe zu halten.

Brunhilde flieht in den anderen Raum,
weicht zurück und glaubt es kaum.
Übler Geruch hat das Zimmer gefüllt,
weil unter dem Fenster ein Landwirt güllt.

Im Garten sucht sie einen Fleck
und ruck-zuck ist sie wieder weg.
Der junge Nachbar, es ist ihr Rechter,
hört in der Mittagszeit noch schlechter.
Sein Radio schallt mit lauten Bässen,
die Phonstärke lässt sich kaum noch messen.

Sie läuft zur Terrasse und von dort
treibt sie schnell ein Bagger fort.
Denn gegenüber wird gebaut
und es ist entsprechend laut.

Dann bellt auch noch Peters Hund.
Nein, dieser Lärm ist nicht gesund.
Aber nur, wenn es der Nachbar will,
ist es in der Mittagspause still.

Brunhilde und die neue Frisur

Brunhilde prüft mir ernstem Blick
ihr Spiegelbild und weicht zurück.
Was sie sieht, missfällt ihr sehr,
die Haare liegen kreuz und quer.
Es hilft nichts, sie muss zum Friseur.

Ein nettes Fräulein wäscht das Haar,
ausgeliefert liegt sie da.
Sitzt im Stuhl, nass wie eine Katze,
so sähe sie aus mit einer Glatze.

Erblickt im Spiegel sich mit Grauen,
links und rechts die Damen schauen.
Sie sieht einfach furchtbar aus:
„Ich will weg hier, ich will raus."

Doch so einfach ist das nicht.
Die Friseurin kommt und spricht:
„Wie machen wir heute die Frisur?
Nehmen sie auch eine Kur?"

„Bitte nur ein wenig schneiden",
sagt Brunhilde ganz bescheiden.
Sie zeigt auf eine Fotografie:
„Ich will aussehen, so wie die."

Mit Zweifeln muss Brunhilde ringen.
Wird der Dame das gelingen?
Wird sie aussehen wie ein Star,
oder grau und unscheinbar?

Die Friseurin kürzt das Haar.
 „Nicht zu kurz, das ist doch klar",
sagt Brunhilde ganz verspannt,
nimmt eine Zeitschrift in die Hand,
um darin einmal nachzulesen,
was beim Adel los gewesen.

Danach schaut sie in den Spiegel
und fragt entsetzt:" Wer ist der Igel,
der mir da entgegenblickt?
Das bin ich? Ich werde verrückt."

Ihr wird kalt und ihr wird heiß,
ihr Gesicht ist kreideweiß.
Schweiß steht auf Brunhildes Stirn:
„Ja, hat denn die Person noch Hirn?

Nichts ist mehr so, wie es vorher war.
Wo ist mein wunderschönes Haar?
Ich sehe einfach furchtbar aus.
Ich will weg hier, ich will raus."

„Ist es recht so?" fragt man noch.
Brunhilde stammelt: „Ja. Ja doch."
Brunhilde leidet tausend Qualen,
aber sie muss auch bezahlen.

Preiswert ist der Haarschnitt nicht.
Mühsam wahrt sie das Gesicht.
Murmelt:" Das war wieder eine Pleite."
Und sucht fluchtartig das Weite.

Brunhilde und die Schönheit

Brunhilde kann es kaum verstehen,
sie kann nichts Schönes an sich sehen.
Denkt laut: "Es muss etwas geschehen,
ich muss zum Chirurgen gehen!

Ein größerer Busen, das wäre schick,
das ist zurzeit der neuste Tick.
Eine kleinere Nase, das wäre toll,
und auch die Lippen möchte ich voll.

Dann habe ich noch die Idee,
ich will Zähne, weiß, wie Schnee.
Notwendig ist, dass ich erwähne
meine schief gewachsenen Zähne.

Die Straffung im Gesichtsbereich
vernichtet alle Falten gleich.
Der Speck am Bauch wird abgesaugt,
weil das die Frau von heute braucht.

Weg muss das dumme Doppelkinn,
das wäre für mich der Hauptgewinn.
Und auch das Fett am Oberschenkel
geht mir schon lange auf den Senkel.

Bevor mich schnelle Schritte lenken,
muss ich erst alles überdenken."
Nachdem Brunhilde eine Nacht
über die Schönheit nachgedacht,
kommt sie am Morgen zum Entschluss,
dass sie nicht schöner werden muss.

Denn was die auf "Jung" gemachten
sicherlich gar nicht bedachten,
war, dass schon nach kurzer Zeit,
sich Falten machen wieder breit.

Der Busen, voll mit Silikon,
braucht die Erneuerung bald schon.
Sind dicke Lippen nicht mehr "In",
weiß sie mit ihnen nicht wohin.

"Nein, Liften hat nur wenig Sinn",
sagt sie. „Ich bleibe wie ich bin,
und stehe zu meinen Macken, Falten
und zähle mich zu den jungen Alten."

Brunhilde und der Stillstand

Während Stillstand ihn in Zufriedenheit hüllt,
bleibt ihre Sehnsucht oft unerfüllt.
Er liebt den Augenblick, genügsam und still,
während sie alles vom Leben will.

Die Zeit ist gegen sie, denn sie verrinnt-
Und weil ihr Leben nicht beginnt,
steigt eine Angst in ihr empor,
das Leben kommt ihr sinnlos vor.

„Lass uns den Weg gemeinsam gehen
und all die vielen Wunder sehen,
die das Leben uns zu bieten hat.
Oder bist du schon so satt?"

Brunhilde und der Kandidat

Brunhilde ist Single und hat in der Nacht
an eine Partnerschaft gedacht.
Alleine möchte sie nicht bleiben
und zwecks Kontakt der Zeitung schreiben.

Sie möchte nicht allein vergreisen
und mit einem Partner reisen.
Sie möchte mit ihm weinen, lachen
und auch Gesellschaftsspiele machen.

So erschien am Samstag dann
unter „Sie sucht Ihn"(sprich Mann).
„Suche Partner mit Niveau,
tierlieb und auch lebensfroh.

Ich mag Reisen, die Natur,
Schwimmen und die Literatur."
Fünfzehn Briefe trafen ein
und Brunhilde sagte: „Fein."

Doch was da zutage kam
ließ sie rot werden vor Scham.
Auf einem karierten Zettel fix
schrieb einer: "Ohne Sex läuft nix."

Die Handschrift war oft krickelig
und der Stil der Briefe fürchterlich.
Das Briefpapier, das ist kein Spaß,
war für den Mülleimer ein Fraß.

Einer war schon siebenundsiebzig,
aber er schrieb nett und witzig.
Fehler gaben sich die Hand,
doch Brunhilde war gespannt
und bestellte Kandidaten
in des Kurorts prächtigen Garten.

Der Erste suchte sehr verwegen
die Frau für Alles, auch fürs Pflegen.
Der Zweite verbarg, welch ein Ding,
ganz abgebrüht den Ehering.

Der Dritte glaubte unbeirrt,
der Größte, der im Weltall schwirrt,
das wäre er - und war bereit
bei ihr zu wohnen - jederzeit.

Der Vierte verschwieg sehr geschickt,
wann er das Licht der Welt erblickt.
Doch verrieten Gang und Falten,
er gehörte zu den Alten.

Der Fünfte hatte ein Problem.
Er dachte, sie fände es angenehm,
wenn er sie öfter mal berührte,
sodass sie Nähe und Atem spürte.
Brunhilde fühlte sich dabei,
wie ein Wild: „Zum Abschuss frei!"

Beim Sechsten sagte sie: „Donnerwetter!
Das ist wirklich mal ein Netter."
Dann sah sie den großen Ring,
wand sich schaudernd ab und ging.
Ein Siegelring, das war das Letzte,
was sie an einem Partner schätzte.

Der Siebte war der große Hit,
er brachte seine Mutter mit.
Von Brillanten, Häusern, Jachten
hörte Brunhilde von dem Achten.
Einst war er ein Millionär,
leider ist das lange her.

Seine letzte Frau, die Hilde,
war eine ganz besonders Wilde.
Sie brannte durch mit Lover Pit
und nahm auch sein Vermögen mit.
Was nicht niet- und nagelfest,
stahl sie und gab ihm den Rest.

Der Neunte war der letzte Clou.
Er war sofort mit ihr per Du
und machte klar ganz unumwunden,
dass er nun die Frau gefunden,
die zum Standesamt ihn bringt,
sodass der deutsche Pass ihm winkt.

Was denken sich nur solche Leute?
Sind das die Gentlemen von heute?
Vom Prinzen auf dem weißen Pferde
da träumt sie nicht, bleibt auf der Erde.

Doch muss es doch in diesem Leben
die Partner mit Niveau noch geben.
Und sollte es wirklich nicht so sein,
trägt sie es mit Fassung – und allein.

Brunhilde und der Froschkönig

Er versprach ihr den Himmel auf Erden
und wollte sie immer lieben.
Ihr König wollte er werden
und ist nur ein Frosch geblieben.

Oft denkt sie verzweifelt an Drosselbart,
der ein König war, doch nur nett.
Denn er hatte nicht diese prickelnde Art
und er mochte kein Wasserbett.

Nur im Märchen ist es möglich
und Frauen glauben daran,
dass der, der nur ein Frosch ist,
zum König geküsst werden kann.

Brunhilde und der Onkel

Brunhildes reicher Onkel Klaus
lebte in einem großen Haus.
Er saß auf einem hohen Ross
und alle nannten ihn nur „Boss."

Er besaß nur eine Hose,
tat jeden Pfennig in die Dose.
Glaubte, er sei der Herr der Welt,
und war verliebt in all sein Geld.

Zum Schutz hielt er sich wilde Stiere
und große Hunde mit Papiere.
Stolz war er auf sein schwarzes Pferd.
Meinte, es sei Millionen wert.

Ihn störten nur die kleinen Bälle,
die es verlor, im Fall der Fälle.
Er mochte ihn nicht, den braunen Kot.
Wenn er ihn sah, dann sah er rot.

War Brunhilde bei ihm zu Gast,
zeigte er ihr mit großer Hast
von seinem Besitz ein jedes Stück,
und fragte: „Was brauch ich mehr zum Glück?"

Um ihn war eine dicke Wand.
Er reichte Niemandem die Hand.
Dann wurde er krank, der Bann gebrochen.
Nun kommt er reumütig gekrochen.

Brunhilde und die guten Vorsätze

Brunhilde liegt im Bett und plant,
weil sie das Gewissen mahnt.
„Morgen will ich früh aufstehen,
morgen muss etwas geschehen.

Morgen will ich mich aufraffen,
morgen muss ich vieles schaffen.
Fenster putzen,
Rosen stutzen.

Schrank aufräumen,
Röcke säumen.
Ruth besuchen,
Reise buchen."

Um Sieben schellt der Wecker laut.
Brunhilde hat kurz darauf geschaut.
Dann dreht sie sich noch einmal um,
sie ist zu müde und warum
soll sie nicht noch etwas ruhn,
denn heute gibt es viel zu tun.

Um neun Uhr steht Brunhilde auf,
Schicksal nimm nun deinen Lauf.
Das Frühstück steht schon auf dem Tisch
mit Brötchen, selbstverständlich frisch,
weil ihr lieber Ehemann
sehr gut früh aufstehen kann.

Nach dem Frühstück fällt ihr ein,
sie muss ja noch für den Verein
verschiedene Dinge delegieren
und darum kurz telefonieren.

Um elf Uhr ist es dann so weit,
sie stürzt sich auf die Hausarbeit.
Da läutet schrill das Telefon
und in jämmerlichem Ton
wünscht Ulrike: „Guten Morgen!"
Erzählt von ihren großen Sorgen
und dass sie das Leben hasst,
weil ihr dies und das nicht passt.

Brunhilde hört ihr rauchend zu
und wahrt gelassen ihre Ruh.
Die Vorsätze hat sie vergessen
und wohl auch das Mittagessen.

Als sie das Gespräch beendet
und sich zu der Uhr hinwendet
bekommt sie einen großen Schreck:
Die meiste Zeit des Tages ist weg.

Mit entschlossenem Gesicht
kocht sie rasch ein Schnellgericht.
Peter wird wohl skeptisch gucken,
doch das muss er eben schlucken.

Dann greift sie nach einem Tuch,
aber auch nach einem Buch.
Die Fensterscheiben bleiben blind,
weil Bücher einfach spannend sind.
Nur die Reise lässt sie buchen
und auch Ruth will sie besuchen.
Brunhilde zieht sich eilig um,
doch bleibt das Telefon nicht stumm.

Die Freundin ruft Brunhilde an
und fragt, ob sie kurz kommen kann.
Ein paar Stunden bleibt sie nur,
inzwischen ist es achtzehn Uhr

Nun wird es aber wirklich Zeit,
der Putzeimer steht schon bereit.
Da fällt Brunhilde plötzlich ein:
„Abends wollen Faule fleißig sein!"

Sie räumt das Putzzeug schnell zur Seite
und sucht vorm Fernseher das Weite.
Sagt: „Was soll denn diese Plag?
Morgen ist ja auch ein Tag.
Vorsätze hin, Vorsätze her.
Ich mache mir nicht das Leben schwer!"

Brunhilde und die Hausarbeit

Brunhilde, die Hausfrau, hat plötzlich entdeckt,
dass sehr viel Gymnastik in Hausarbeit steckt.
Am Morgen steht sie schon zeitig auf
und versorgt ihre Lieben im Dauerlauf.

Danach bringt sie den Sohn mit dem Rad
zum Kindergarten in die Stadt.
Dann muss sie von Laden zu Laden laufen,
um für die Familie einzukaufen.

Am Mittag holt sie den Kleinen ab.
Das alles hält Brunhilde in Trapp.
Mit Bücken, Heben, Kriechen und Strecken
säubert sie Wohnung und sämtliche Ecken.

Beim Bügeln dreht sie den Kopf hin und her
und reckt den Körper beim Fensterputz sehr.
Tanzt hüpfend mit dem Staubtuch durch das Zimmer
und flotte Musik begleitet sie immer.

Sie läuft im Haus Trepp-rauf und Trepp-runter,
das trimmt den Körper und macht munter.
Auch ohne Sauna wird ihr ganz heiß,
und beim Saugen bricht rasch aus der Schweiß.

Sie mäht den Rasen, hält den Garten in Schuss,
denn Gymnastik im Freien ist einfach ein Muss.
Am Nachmittag fällt ihr dann plötzlich ein,
der Schrank müsste an einem anderen Platz sein.

Brunhilde beginnt zu stemmen, zu rücken
und versetzt die Möbel voller Entzücken.
Bis zum Abend hat sie sich emsig geregt
und ihren Körper fleißig bewegt.

Bevor sie erschöpft ins Bett hinein huscht,
wird noch schnell heiß und kalt geduscht.
Brunhilde stöhnt: „Das wäre vollbracht!"
Sie wünscht sich eine ruhige Nacht,
denn morgen fängt ihr Tagewerk ja dann
wieder mit sehr viel Gymnastik an.

Brunhilde ist atemlos

Immerzu muss sie agieren,
als Frau und Mutter funktionieren.
Aber auch in ihrem Job
ist sie perfekt, vollkommen, top.

Geschmackvoll, edel und auch rein
sollen Wohnung und die Kleidung sein.
Und weil alle es erwarten,
ist stets gepflegt ihr großer Garten.
Besonders sauber, bis zum Grund,
sind die Kinder und der Hund.

Sie hält still, macht alles mit,
stündlich, täglich, Schritt für Schritt.
Und irgendwann ist sie dann bloß
A T E M L O S

Brunhilde und die Emanzipation

Weil eine Mutter, Frau am Herd,
in der Gesellschaft nicht viel wert,
wird die Karriere groß geschrieben
ohne viel Rücksicht auf die Lieben.

Nun steht Madam halt endlich Frau,
bleibt nicht mehr stumm, denn sie ist schlau.
Aber das ist es nicht allein,
sie muss fit und schön stets sein.

Muss gut sein, besser als ein Mann,
auch wenn sie das nicht immer kann.
Sie plagt sich ab mit einem Bart
und ihre Bizepse werden hart.

Auch ihr Gang, sonst mittelprächtig,
wirkt bei großen Schritten mächtig.
Dabei wurde ihr einst beigebracht,
dass die Dame kleine Schritte macht.

Um Männerwelten zu genügen
muss sie sich auch manchmal fügen.
Doch was sie macht, das macht sie gut,
bringt alles unter einen Hut.

Jetzt steht Brunhilde ihren Mann
und zeigt, was sie so alles kann.
Doch manchmal weiß sie nicht genau,
ob sie nun Mann ist oder Frau

Obwohl, das weiß sie ganz genau,
da spielt nicht mit der Körperbau.
Karriere, Kinder, Ehemann,
das alles greift sie nervlich an.

Bald schleichen sich bei ihr auch ein
die typisch männlichen Zipperlein.
Der Herzinfarkt, das Raucherbein,
der Lungenkrebs und andere Pein.

Wo ist die schwache Frau geblieben,
die starke Männer konnten lieben.
So kommt dann auch, was kommen muss,
statt Zärtlichkeit der kalte Guss.

Und oft hält diesen Rollentausch
der Mann nur aus mit einem Rausch.
Er sollte sich nicht länger zieren
und sich endlich auch emanzipieren.

Brunhilde und der Herbst des Lebens

Brunhilde ist total geknickt,
als sie in den Spiegel blickt.
Falten hat sie bald entdeckt:
„Ab morgen, da wird abgespeckt!"

Auch Cellulitis kann sie sehen.
Was ist nur mit ihr geschehen?
Das Alter hat sie wohl berührt,
sie fragt sich, wohin das noch führt.

Die Antwort bleibt ihr nicht erspart,
und die ist wirklich etwas hart:
„Du bist ein armer, armer Wicht,
wenn du glaubst, du alterst nicht.

Du kannst die Wirklichkeit verdrängen,
dich unterwerfen vielen Zwängen.
Geld bringen zu den Schönheitsfarmen,
doch Altern trifft nicht nur die Armen.

Die Falten holen jeden ein
und auch die vielen Zipperlein.
Altern ist heute nicht mehr „In",
darum finde im „Dasein" einen Sinn.

Finde dich ab, sei frohen Mutes,
alt sein hat auch sehr viel Gutes.
Jung sein bringt in dieser Zeit
nicht nur Freud, sondern auch Leid.

Bist du im Herzen jung geblieben,
ist Altern für dich kein Problem.
Bemühe dich stets, dich selbst zu lieben,
dann ist das Leben angenehm."

Leben heißt, Gefühl zu zeigen,
neugierig sein, auf jede Stunde.
Mache dir den Wunsch zu eigen,
nicht zu lecken jede Wunde,
die das Leben dir geschlagen.

Jeder Mensch hat seine Plagen,
jeder Mensch ob alt, ob jung.
Lebe! Lebe vom Heute-
und nicht von der Erinnerung.

Brunhilde und der schönste Tag

Es hat bisher in ihrem Leben
Momente und Tage stets gegeben,
die immer noch die Schönsten sind,
doch leider war sie lange blind.

Und heute muss sie sich gestehen,
sie hat das Schöne nicht gesehen.
Sie würde die schönen Zeiten zählen,
könnte sie noch einmal wählen.

Unwichtig waren so manche Sorgen.
Unnötig Fragen: "Was ist morgen?"
Schön ist ein jeder, jeder Tag,
an dem sie lebt, trotz aller Plag.

Schön ist ein jeder Augenblick,
der ihr schenkt ein wenig Glück.
Denn im Leben gibt es ohne Frage,
sehr viele, viele schöne Tage.

Brunhilde und die Einsamkeit

Nur der Mond kennt ihre Träume
und Tränen sehen nur die Sterne,
wenn sie blicken aus der Ferne
nachts in ihre leeren Räume.

Nur das Herz kennt ihre Ängste,
weiß von ihrer Einsamkeit,
die nur Traurigkeit bereitet
und sie Tag und Nacht begleitet.

Brunhilde und die Wahrheit

Es gab eine Zeit,
da suchte ihre Seele
die Wahrheit.

Ihre Sehnsucht
nach Freiheit
war groß.

Klar sah sie ihre Ziele
und hob fröhlich die Arme
beim Tanz auf dem Seil.

Beim Duft einer frisch
gemähten Wiese
glaubte sie an Treue
und daran, dass sie alle
Grenzen durchbrechen kann.

Glaubte an den Aufbruch,
an den Durchbruch ihrer
Ideen, ihrer Kraft, ihrer Pläne.

Sie ahnte nichts von der
schicksalhaften Laune,
der ihr menschliches Dasein
unterworfen war.

Erfolgreich wollte sie sein
und vertraute dem Feuer
der Jugend.

Irgendwann sah sie in
den Spiegel- und sah
resignierend die Wahrheit-
und hoffte, dass es noch
eine andere Wahrheit gibt.

Brunhilde und das Weihnachtsfest

Brunhilde steht schon sprungbereit,
denn: „Heißa, bald ist Weihnachtszeit!"
Darum hat sie noch viel zu tun
und keine Zeit, sich auszuruhn.

Wünsche gilt es zu erfüllen
und Erwartungen zu stillen.
Kleine und auch große Gaben
möchten ihre Lieben haben.

Für Brunhilde heißt das laufen,
planen, prüfen und dann kaufen.
Täglich schleppt sie volle Taschen,
sie muss bügeln und viel waschen.

Die Räume hat sie hübsch geschmückt
und ihre Lieben sind entzückt.
Doch immer näher rückt das Fest,
das sie oft nicht schlafen lässt.

Gründlich wird das Haus geputzt,
obwohl es gar nicht sehr verschmutzt,
und abends ist sie ganz K.O..
Doch ihr Peter freut sich so
auf die Kinder und das Fest.
Nur Brunhilde wirkt gestresst.

Schnell, zu schnell vergeht die Zeit
und endlich ist es dann so weit.
Festtagsessen, Plätzchenduft
verbreiten weihnachtliche Luft.

Nachdem die Kuchen sind gebacken,
geht es ans Geschenke packen.
Alle Kraft setzt sie nun ein,
denn was sein muss, das muss sein.

Dann ist der Heilige Abend da,
sie fällt fast um, das ist doch klar.
Schon nach dem zweiten Gläschen Wein
schläft sie erschöpft im Sessel ein.

Brunhilde und die Abendstimmung

Wenn sie das Alltagslos erwischt
und ihr Probleme nur auftischt,
wird sie ein wenig depressiv
und denkt nicht mehr positiv.

Dann freut sie sich schon auf den Abend,
dessen Stimmung sie ganz labend
für den Alltagsstress entschädigt
und Probleme schnell erledigt.

Wenn Holz in ihrem Ofen brennt,
weil es bei ihr nichts anderes kennt,
als mächtig vor sich hin zu glühen
und sich um Wärme zu bemühen.

An jedem Tag ist es bereit,
besonders in der Winterzeit,
ihr Abendstimmungen zu schenken
und sie von Sorgen abzulenken.

Der Hund liegt in der Sofaecke
auf seiner blauen Hundedecke.
Dazu lädt ein Gläschen Wein
rot funkelnd zur Entspannung ein.

Und so sieht sie ganz gelassen
trübe Stimmungen verblassen.
Schaut dem Tanz der Flammen zu
und findet bei Abendstimmung Ruh.

Brunhilde und der Abendhimmel

Gebirge, Seen und Meere,
wohin das Auge sieht,
und ständig wechseln Bilder,
nur eine Wolke zieht.

Häuser, Kirche und Lichter
winzig in der Ferne,
und hier und dort am Himmel,
da werden wach die Sterne.

Die Bilder sind entschwunden,
verblasst des Himmels Schein.
Die Dunkelheit wird wieder
des Menschen Partner sein.

Die Nacht mit ihren Träumen
tanzt leise ihren Reigen.
Sie löscht die hellen Bilder,
hüllt sie in tiefes Schweigen.

Wie Feuer brennt am Himmel
nach einer langen Nacht
ein glühend Morgenrot,
es zeigt der Sonne Macht.

Die Stadt taucht auf im Lichte,
die Vögel singen Lieder.
Am blauen Himmel Wolken,
die Bilder kommen wieder.

Brunhilde und der Vollmond

Du stehst am Himmel in der Nacht
und sendest strahlend deine Macht.
Obwohl ich zähle Schaf für Schaf,
raubst du, Vollmond, mir den Schlaf.

Und auch am Tag bin ich nicht ich,
dein gelber Glanz verändert mich.
Die Leichtigkeit hat mich erfasst,
ein Zustand, der nicht zu mir passt.

Doch was am Ärgsten mich entsetzt,
dass mein Verstand auf Eis gesetzt.
Wenn magisch deine Strahlen winken,
möchte ich essen, rauchen, trinken.

Prinzipien sind mir nicht mehr wichtig,
was falsch war, ist auf einmal richtig.
Gefühle spielen ganz verrückt,
darüber bin ich nicht entzückt.

Ich reagiere nicht normal,
darum mäßige deinen mächtigen Strahl.
Lieber Mond, nimm ab, nicht zu,
und lass mich bitte bald in Ruh!

Brunhilde und der Meineid

Mitten in der Nacht wird Brunhilde wach.
Sie fühlt sich elend und so schwach,
wälzt sich in dem Bett umher,
und das Atmen fällt ihr schwer.

Schweiß steht auf der heißen Stirn,
dabei glaubt sie zu erfriern.
„Was habe ich nur falsch gemacht?
Was hat mich um den Schlaf gebracht?

Sollte denn das Gläschen Wein
schuld an meinem Zustand sein?
Habe ich wieder übertrieben?
Waren es sechs oder gar sieben
Zigaretten, die ich rauchte,
als ich meine Ruhe brauchte?"

Leidend liegt sie in den Kissen
und beschwichtigt ihr Gewissen:
„Von all den Lastern, die ich hab,
schwöre ich zweien heute ab.

Mit Trinken, Rauchen ist nun Schluss,
ich spüre, dass sich was ändern muss."
Das Gehirn vernimmt den Eid
und sagt dem Blutdruck schnell Bescheid:
„Heute halten wir noch still,
weil sie sich ja bessern will."

Von morgens Acht bis abends Acht
hat sie an den Schwur gedacht.
Doch vor dem Fernsehapparat
findet Brunhilde alles fad:

„Das ist doch kein Leben hier,
ohne Wein und ohne Bier.
Außerdem kann Nikotin
ich meinem Körper nicht entziehn.

Fünf Zigaretten, ein Bier, ein Wein
müssen mir gestattet sein.
Ich werde nicht mehr übertreiben,
das schwöre ich, kann ich beeiden."

124

Brunhilde und die Nachtruhe

Peter, es ist zehn nach zehn,
wollen wir zu Bette gehen?"
fragt Brunhilde höflich an
bei Peter, ihrem Ehemann.

„Ich bleibe noch ein wenig hier,
trink in Ruhe das Glas Bier,
rauche eine Zigarette,
und dann gehe ich zu Bette.
Ja, dann komme ich zu dir",
antwortet er gelassen ihr.

Eine Stunde später sagt Peter: „Gute Nacht!"
Hat die Augen schon zugemacht
und tiefe Atemzüge kündigen dann
den Schlaf des Selbstgerechten an.

Brunhilde denkt an den nächsten Morgen,
denn sie muss noch viel besorgen,
da unterbricht sie ein lauter Ton.
„Mein Gott", denkt sie, beginnt er schon?

Geht die Schnarcherei jetzt los?
Das darf nicht wahr sein, was mache ich bloß?"
Mit einer Stärke von mehreren Phon
sägt ihr Peter nachts ohne Lohn
an großen, dicken Mammutbäumen,
während andere Menschen träumen.

Brunhilde zupft zischend an Peters Jacke:
„Du bist ein Schnarchsack und hast eine Macke.
Dreh dich auf die Seite, ich werde noch irre,
dieses Schnarchen macht mich noch ganz kirre."

Ein wütendes Brummen ist die Reaktion,
dann dreht er sich um, und ganz monoton
sägt er an einem dickeren Ast,
obwohl diese Arbeitswut nicht zu ihm passt.

„Ich möchte schlafen, verdammt juchhe!
Hör auf zu schnarchen, sonst tue ich dir weh.
Mordlust hat Brunhilde erfasst.
Oh, wie sie diesen Schnarcher hasst!

Welche Waffe wähle ich für die Tat?"
Doch dann erscheint ihr die Maßnahme hart.
Denn Peter lässt plötzlich das Schnarchen sein,
aber er atmet auch nicht mehr ein.

„Peter ist tot", denkt Brunhilde erschreckt.
„Warum habe ich ihn nicht vorher geweckt?"
Sie lauscht verzweifelt und sehr bang
ein bis zwei Minuten lang.

Geräuschvoll gurgelnd schnappt Peter nach Luft
und schläft schnarchend weiter, dieser Schuft.
Sie blickt auf die Uhr, es ist halb zwei
und mit ihrer Nachtruhe wohl vorbei.

Resignierend nimmt sie Brille und Buch
und geht in das Zimmer, das reserviert für Besuch.
Und als sie aus dem Fenster schaut,
sieht sie den Abendstern.

Hallo, du bist wieder da,
rechts neben dem Mond,
doch mir ganz nah.

Ich stehe am Fenster,
bewundere dich.
Du bist da-
und nur für mich.

Wir sind nicht
mehr einsam,
Du und ich.

Du funkelst, strahlst
und blinkst mir zu.
Wir gehören zusammen,
Ich und Du.

Inhaltsverzeichnis